भारत की चित्रकला की कहानी

स्थापित 1912
100 वर्षों की
श्रेष्ठ प्रकाशन परम्परा

राजपाल

₹ 90
ISBN : 9788170284642

BHARAT KI CHITRAKALA KI KAHANI
by Dr. Bhagwatsharan Upadhayaya
मुद्रक : शिव शक्ति प्रिंटर्स, दिल्ली

राजपाल एण्ड सन्ज़
1590, मदरसा रोड, कश्मीरी गेट, दिल्ली-110006
फोन : 011-23869812, 23865483, 23867791
website : www.rajpalpublishing.com
e-mail : sales@rajpalpublishing.com
www.facebook.com/rajpalandsons

स्वदेश-परिचय : 6

भारत की चित्रकला की कहानी

डॉ. भगवतशरण उपाध्याय

राजपाल

विषय-सूची

बर्बर युग	8
अजन्ता से पहले	11
अजन्ता गुप्त युग	13
पूर्व मध्य युग	20
उत्तर मध्य युग	24
राजपूत युग	27
पूर्व मुगल शैली	31
मुगल शैली	34
पहाड़ी शैली	42
भारतीय शैली का विस्तार और अनुकरण	46
राष्ट्रीय पुणरुज्जीवन युग	48
वर्तमान युग	53

भारतीय चित्रकला

भारतीय चित्रों की कहानी उतनी ही पुरानी है, जितनी भारतीय मूर्तियों की। बल्कि यह उससे भी पुरानी हो सकती है क्योंकि चित्र बनाना मूर्तियों की तुलना में ज्यादा आसान होता है। यह कहानी आज से करीब पाँच हजार साल पहले शुरू होती है, और अगर हम जँगली शिकारियों की तस्वीरों का उल्लेख करें तो दस हजार साल पहले से भी पहले। पर मूर्तियों और चित्रों के इतिहास में एवं दोनों के विकास के तरीकों में कुछ अन्तर भी रहा है। मूर्तियाँ हमें शुरू में ही आश्चर्य के नमूनों के रूप में मिलती हैं, पर चित्र मूर्तियों की तरह, आरम्भ में बहुत मनोहारी नहीं मिलते। हालाँकि अपने देश की पहली मूर्तियों से पहले के चित्र हजारों क्या दसों हजार बरस ज्यादा पुराने हैं।

इसी तरह मूर्तियों का आरम्भ भरा-पूरा होने के बावूद बारहवीं सदी ईस्वी के बाद उनका बनना बन्द-सा हो जाता है। पर बारहवीं सदी के बाद चित्रों की एक से बढ़कर एक शैलियाँ चल पड़ती हैं, जो लगातार अठारहवीं-उन्नीसवीं सदी तक काफी मात्रा में जीवित रहती हैं और बीसवीं सदी में जहाँ मूर्तिकला सदियों से गायब रहकर बड़े हल्के तौर से हमारे कलाकारों को अपनी ओर खींचती हैं, चित्रकला अपने वर्तमान युग के विविध प्रयोगों में फिर से जी उठती है।

भारतीय चित्रकला की कहानी समझने के लिए हमें उसे नीचे लिखे बारह युगों में बाँटना होगा–1. बर्बर युग; 2. अजन्ता से पहले; 3. अजन्ता–गुप्त युग; 4. पूर्व-मध्य युग; 5. उत्तर-मध्य युग; 6. राजपूत युग; 7. मुगलशैली से पहले; 8. मुगलशैली; 9. पहाड़ी शैली; 10. भारतीय शैली का विस्तार और अनुकरण; 11 राष्ट्रीय पुनरुज्जीवन युग; 12. वर्तमान युग।

1. बर्बर युग

बर्बर युग आज से हजारों हजार साल पहले का वह युग है, जब आदमी अपनी आदिम हालत में था और उसे सभ्यता की किरण भी नहीं मिली थी। वह तब पेड़ों पर, गुफाओं में, गड्ढों में रहता था। नंगा ही घूमता था या अधिक-से-अधिक पत्तों, पेड़ों की छाल या मारे हुए जानवरों की खाल से अपना तन ढकता था। न तो उसके पास रहने को गाँव थे, न मकान, न खाने को उगाया हुआ अन्न था, न पहनने को वस्त्र। जीने के साधन उसके पास सीमित थे। उन साधनों में सबसे महत्त्वपूर्ण शिकार था। शिकार करके ही वह अपना पेट पालता था।

पर यह शिकार बहुत आसान नहीं था। बड़े-छोटे खूँखार जानवरों का शिकार और वह भी मामूली हथियारों से। तब हाथी से कई गुना बड़े जानवर थे, जो आज खत्म हो गए हैं। ऐसे ही तलवार के से दाढ़ों वाले शेर थे, जिनकी शक्ल आज बिलकुल बदल गई है। तब धातु का ज्ञान नहीं हुआ था। अतः हथियार पत्थर के ही थे, तेज पत्थर के, जिन्हें रगड़कर और फिर लकड़ी में ठोंककर भाले का फल बना लिया जाता था।

शिकार करना इतना कठिन था कि आदमी अपनी सफलता के लिए केवल अपनी ताकत के ऊपर ही निर्भर नहीं करता था। वह उसके लिए कई प्रकार के जादू-टोने भी करता था। इस प्रकार का एक टोटका था अपनी पहाड़ी खोह की दीवार पर शिकार किए जाने वाले जानवर का रेखाचित्र बनाकर, उसे तीरों और भालों से बेध देना। यह शिकारियों को शिकार के शरीर को, उसके अंग-प्रत्यंग को पूरी तरह समझने का मौका तो देता ही था, साथ ही शिकारियों के विश्वास के अनुसार उन्हें

मारने का टोटका भी तैयार कर देता था। अपने भालों से मारने के पहले ही शिकारी शिकार को चित्र में मार डालते थे। इन रेखाचित्रों को जब-तब फुरसत में वे रंगों से भी सँवारते थे।

इस प्रकार के अनेक चित्र आज से पच्चीस-पच्चीस हजार साल पुराने, उनसे भी पुराने और नए, स्पेन, फ्रांस और अपने देश की खोहों-कन्दराओं में बने मिले हैं। स्पेन देश के अल्टामाइरा और दक्खिनी फ्रांस में सांड़-भैंसों के शिकार के अनुपम चित्र मिलते हैं। ऐसे ही अपने देश में भी मध्य प्रदेश की कुछ कन्दराओं में और मिर्जापुर की गुफाओं

प्राचीन काल के शिकारियों के शिकार के चित्र

में उस प्राचीन काल के जंगली शिकारियों के शिकार के चित्र हैं, जो हमारे देश की चित्रकला के सबसे पुराने नमूने हैं।

इसके बाद चित्रकारी के नमूने हमें अपने देश में आज से करीब पाँच हजार साल पहले के मिलते हैं। ये सिन्धु घाटी की सभ्यता के हैं, जो मोहनजोदड़ो, हड़प्पा और नाल में मिले हैं। ये तीनों इस समय पाकिस्तान में हैं। मोहनजोदड़ो सिन्ध में, हड़प्पा मिंटगुमरी जिले में तथा नाल बलूचिस्तान में है। इनके नमूने कागज पर नहीं हैं; क्योंकि आदमी ने अभी कागज का इस्तेमाल नहीं सीखा था। फिर भी खूबसूरती का प्रेमी होने के कारण वह अपने बर्तनों, मटकों को चटक रंगों से रँगता

बर्तनों पर चित्रकारी के नमूने

और उन पर कई रंगों से साँपों, चटाई की बुनाई और दूसरे प्रकार की शक्लें या जानवरों की तस्वीरें बनाता था। तब के अनेक नमूने हमारे और पाकिस्तान के अजायबघरों में रखे हुए हैं।

चटाई की रंगीन बुनाई

बाद के चित्र पत्थर, लकड़ी, हड्डी, हाथी दाँत, चमड़ा, कपड़ा, भोजपत्र, ताड़पत्र, कागज आदि पर बने। अगले युगों के चित्रों के वर्णन इन्हीं पर बनी तस्वीरों से सम्बन्ध रखते हैं।

2. अजन्ता से पहले

अजन्ता के चित्रों का युग भारतीय इतिहास का एक सुनहरा युग है, जो गुप्तकाल यानी चौथी-पाँचवीं सदी ईस्वी से शुरू होता है। इसका यह मतलब नहीं कि उसके पहले चित्र कम बनते थे। स्वयं अजन्ता में गुप्तकाल से पहले के चित्र हैं। पर कला की नजर से वे गुप्तकाल या उसके पीछे के युगों के मुकाबले नहीं हैं। जो हैं, उनको गुप्तकाल की चित्रकला की सुन्दरता की पिछली मँजिलों के रूप में देखा जाता है।

इस सम्बन्ध में पहले एक बात बता देना उचित होगा। बर्बर-युग की चित्रकला का लम्बे समय तक सिलसिला जारी न रह सका। कम-से-कम तब के नमूने हमारे पास नहीं हैं। वैदिक काल के चित्रों का हमें पता नहीं है। शायद वे इन्हीं चीजों पर बनते थे जो नष्ट हो गए हैं, पर बनते अवश्य थे, क्योंकि वैदिक साहित्य में उनका कई बार उल्लेख हुआ है। ऐसे ही रामायण, महाभारत, बौद्धों और जैनों की पुरानी पुस्तकों, जातकों आदि में चित्रों और उनको बनाने की विधियों का उल्लेख मिलता है।

भारतीय चित्रकला की जंगली शैली के सबसे पुराने नमूने हमें सरगुजा के पास जोगीमारा और सीताबोंगा की गुफाओं में मिलते हैं। शायद ये ईसा से दो सौ वर्ष पहले के हैं। ये भित्तिचित्र हैं–दीवारों पर बने। पहले के सारे चित्र दीवारों पर ही मिलते हैं। इसके बाद के भित्तिचित्र अजन्ता में हैं, जिनमें सबसे प्राचीन शुंग और कुषाण काल के हैं।

शुंग काल का आरम्भ मौर्यों के बाद ईसा से करीब 185 साल पहले, आज से कोई दो हजार साल से काफी पहले हुआ। तब से

कुछ चित्र अजन्ता की गुफाओं में बने मिलते हैं। अजन्ता की गुफाएँ तो और पहले, शायद अशोक मौर्य के ही समय काटी जाने लगी थीं, पर उनमें चित्र बाद में बने। उन चित्रों में सबसे पुराने इसी शुंग-काल के हैं, ईसा से सौ बरस पहले के। इनमें बनी पगड़ियों की शक्ल शुंग-काल की सामने लगी गाँठदार पगड़ियों की-सी है।

ये चित्र अजन्ता की नवीं-दसवीं गुफाओं में हैं। इनकी प्राचीनता के सम्बन्ध में कुछ विद्वानों ने सन्देह भी किया है, पर इसमें सन्देह नहीं कि इनका समय गुप्त काल के आरम्भ में यानी चौथी सदी ईस्वी से पहले है, शुंग और कुषाण काल में, ईसा से सौ साल पहले से लेकर दो सौ साल बाद तक। इस काल के बाद ही भारत में राष्ट्रीयता की एक नई लहर दौड़ जाती है। नाग-वाकाटक राजा, विशेषकर नाग कुषाणों को देश से बाहर वैसे ही निकाल देते हैं, जैसे आगे चलकर चन्द्रगुप्त विक्रमादित्य ने शकों को निकाला। देश में करीब तीन सौ बरसों तक विदेशी ग्रीकों, ईरानियों, शकों और कुषाणों का राज्य रहा था, उसका अन्त नागों ने किया। नए हिन्दू साम्राज्य का विस्तार गुप्त सम्राटों ने किया। तभी से, यानी ईसा की चौथी सदी से, अजन्ता की आश्चर्यकारी चित्रकला का आरम्भ होता है।

3. अजन्ता गुप्त-युग

अजन्ता के चित्रों की बात हम तीन युगों में बाँट सकते हैं–गुप्त युग, वाकाटक युग और चालुक्य युग। साधारण तौर से गुप्तों का युग भारतीय इतिहास का सुनहरा युग कहलाता है। इस काल में उस वंश के समुद्रगुप्त, चन्द्रगुप्त विक्रमादित्य आदि राजाओं की विजयों से साम्राज्य की लम्बाई-चौड़ाई बढ़ी और मालवा और गुजरात-काठियावाड़ के अधिकार में आ जाने से व्यापार के द्वारा पश्चिमी देशों का धन यहाँ बरसने लगा। कला की भी तब विशेष उन्नति हुई। तभी संस्कृत के महाकवि कालिदास हुए। पर इसका मतलब यह नहीं है कि गुप्तकाल के बाद के बने चित्र उस युग के चित्रों से घटिया हैं। गुप्तों से चालुक्यों तक के युगों के चित्र एक से बढ़कर एक हैं। यहाँ उनका विभाजन तो हम केवल अपने अध्ययन की सुविधा के लिए कर रहे हैं।

गुप्तों का युग तीसरी-चौथी सदी से छठीं सदी तक है। छठीं सदी में गुप्त सम्राटों का साम्राज्य हूणों के हमलों से टूट गया, पर उनके चित्रों के चमत्कार का प्रभाव देश की चित्रकला पर प्रायः सौ साल तक बना रहा। मध्य भारत में वाकाटक, नाग-राजाओं के बाद या प्रायः उनके साथ-साथ ही उठे। उस प्रदेश पर वाकाटकों का राज्य तभी था, जब उत्तर में गुप्त-सम्राट् अपने यश का विस्तार कर रहे थे। उनका सबसे महान् राजा प्रवरसेन, चन्द्रगुप्त विक्रमादित्य का समकालीन था। इस तरह गुप्त और वाकाटक युग करीब-करीब एक ही युग की ओर इशारा करते हैं।

चालुक्यों का युग उसके बाद शुरू होता है। उनका सब से शक्तिमान् और प्रसिद्ध राजा पुलकेशिन् द्वितीय था। वह कन्नौज के

हर्षवर्धन का समकालीन था और सातवीं सदी के मध्य में उसने हर्ष को हराया भी था। जैसे हर्ष उत्तरापथ (भारत के उत्तरी प्रदेश) का स्वामी कहलाता था, वैसे ही पुलकेशिन् दक्षिणापथ (भारत के दक्षिणी प्रदेश) का स्वामी कहलाता था। हर्ष के खिलाफ अपना बल बढ़ाने के लिए उसने ईरान के शक्तिमान राजा खुसरू से सन्धि की। उसके जवाब में ईरानी सम्राट् ने भी पुलकेशिन् के दरबार में अपना दूत भेजा। उस दूत का चित्र यश सबसे अधिक ईसा की सातवीं सदी में बढ़ा, जो

ईरानी दूत का चित्र

अजन्ता के सबसे सुन्दर चित्रों का युग है। यह यश चालुक्यों की शक्ति के बाद तक बना रहा, जैसे अजन्ता के चित्र भी बाद तक वर्तमान रहे।

अजन्ता के भित्तिचित्र (दीवार पर बनी तस्वीरें) संसार के सुन्दरतम चित्रों में अपना स्थान रखते हैं। उन्हें देखकर संसार के बड़े-से-बड़े जानकारों तक ने दाँतों तले उँगली दबायी है। संसार के दूसरे देशों

में अजन्ता के चित्रों की बराबरी के चित्र न बन सके। अजन्ता हमारे पूर्वजों की अक्षय कीर्ति है, हमारे इतिहास और कला का गौरव, हमारे देश की राष्ट्रीय चित्रशाला है।

अजन्ता की गुफाओं का पता लगाने की कहानी भी बड़ी मनोरंजक है। सन् 1824 की बात है। हैदराबाद में अंग्रेज सेना पड़ी हुई थी। एक दिन उनका एक अफसर शिकार खेलने निकला और सुअर का पीछा करता दूर चला गया। शिकार तो ओझल हो गया, पर उसके बदले अफसर ने वहाँ जो दृश्य देखे, वे जितने ही उसके लिए अचरज-भरे थे, उतने ही दुनिया के लिए भी। जंगल की झुरमुट से जो वह पहाड़ के नीचे निकला तो देखता क्या है कि सामने सीढ़ियों पर एक से एक बड़े बरामदे और हाल पहाड़ की ठोस चट्टानी दीवार को काटकर बने हुए हैं। वह जो ऊपर चढ़कर गुफाओं में पहुँचा तो जैसे तिलिस्मी दुनिया में पहुँच गया। बरामदों, उनके द्वारों, खम्भों से ही वह हैरत में पड़ गया था, अब जो वह उनके भवनों में घुसा तो उसने चित्रों की हँसती-जागती, रोती-सोती, शान्त-क्रूर-करुण, एक नई दुनिया देखी। लगा, जैसे वह सपनों के देश में विचरण कर रहा हो। एक से एक अभिराम चित्र उसकी आँखों के सामने। वह भागा और उसने सेना के कमान्डर से सब कुछ कह डाला।

फिर तो भाग-दौड़ हुई। कुछ तस्वीरें नकल करके लन्दन भेजी गईं। दुनिया के चित्रकारों ने, कला के जानकारों ने उन्हें देखा और खूबसरती की असलियत को देखकर हैरत में पड़ गए। अजन्ता की भी सदियों पुरानी नींद टूटी। हजार साल तक घने जंगलों में जो वह दबी पड़ी रही थी, एकाएक संसार के कला पारखियों और कलावन्तों का केन्द्र बन गई। सन् 1824 से आज तक अजन्ता कलावन्तों का तीर्थक्षेत्र बनी रही है, बनी रहेगी। उसके अभिराम चित्र सदा हमारा मस्तक दुनिया में ऊँचा करते रहेंगे।

और स्थान भी वह खूब है। महाराष्ट्र राज्य में जलगाँव के पास पश्चिमी घाटी के सह्याद्रि पहाड़ियों में अर्द्ध-चन्द्र-कार कटी अजन्ता की

गुफाएँ वैसे भी, बाहर से भी , मन को मोह लेती हैं। उनके ऊँचे सिलसिले के नीचे उनके पैर पखारती, धोती-सी वाघोरा नदी बहती है। उन तक पहुँचने की राह दोनों ओर पारिजात के पेड़ों से महमह महकती रहती है और जो गुफाओं के भीतर है, उसकी बात क्या कही जाए।

बस्तियों से दूर, जंगल-पहाड़ों से छिपे अन्तर में इन्सान के बाजुओं की ताकत से ये गुफाएँ खुदी हैं। बरामदे और हाल, ध्यान-समाधि के लिए छोटी कोठरियाँ, चैत्य-मन्दिर और खम्भे, असंख्य बने हैं और उन पर सोते-जागते चित्रों की बात कोई क्या कहे, जैसे उनको गिनना कठिन है, वैसे ही उनकी खूबसूरती का अन्दाज लगाना भी मुश्किल है। गुफाएँ और चित्र बौद्धों के हैं। उस दूर के छिपे वातावरण में रमने और ध्यान करने के लिए भिक्षुओं ने इन्हें खोदा, बनाया। यहाँ गुफाओं की संख्या 29 है। इनमें कुछ पुरानी हैं, कुछ बाद की। वैसे ही इनमें बने चित्र भी युगों के हिसाब से पहले और बाद के हैं। गुफाओं का खुदना तो अशोक के समय ही, यानी आज से कोई सवा दो हजार सौ साल पहले ही शुरू हो गया था, पर उनमें चित्र बाद में बने। पहले शायद शुंग और कुषाण काल (यानी ईसा से सौ साल पहले से दो सौ साल बाद तक) में, फिर गुप्त, वाकाटक और चालुक्य युगों में।

गुफा चित्रों की बनावट खास तरह की होती थी। गुफा खुद जाने के बाद दीवारों को बराबर कर लिया जाता था, फिर उसे टीपकर उस पर गोबर मिले पत्थर के पाउडर का लेप चढ़ा देते थे। बाद में चूने का हल्का पलस्तर चढ़ा, हद बनाकर, रेखा से आकृतियाँ बना ली जाती थीं। फिर उनमें आवश्कयता के अनुसार रंग भर दिए जाते थे।

अजन्ता की गुफाओं में बड़ी चित्र-सम्पदा है। उनमें देवता से दैत्य तक बड़ी खूबी से खींचे गए हैं। और उनके बीच के आधे देवता, गन्धर्व, विद्याधर, किन्नर, यक्ष, अप्सराएँ, राजा, रंक, सभासद, साधारण नर-नारी, नागरिक, ग्रामीण भिक्षु, गृहस्थ, जानवर, पक्षी, वृक्ष, लता, तालाब सारा चराचर अद्‌भुत सजीवता से दीवारों पर उतार दिया गया है। कहीं शिथिलता का नाम नहीं, जीवन गतिमान् है, चित्र बोलते, चलते-फिरते

से हैं। जीवन मौजें मारता है। दृश्यों की क्रूर और करुण कहानी शान्ति और क्रोध, मोह और त्याग सभी सहसा उन दीवारों पर सँवर आए हैं। जातकों की कहानियाँ, बुद्ध का महाभिनिष्क्रमण, माता यशोधरा का पुत्र राहुल को बुद्ध के लिए भिक्षादान, नन्द का बार-बार अपनी हाल की ब्याही पत्नी की ओर भागने का प्रयास, बार-बार उसका संघ में रोक लिया जाना, पद्मपाणि बुद्ध का अनुपम रूप, राजा-रानियों का सुरापान, सभी गजब की खूबी से रूपायित हुए हैं। समत्व या समभाव अजन्ता के चित्राचार्यों का सबसे बड़ा गुण है, जिससे क्या मानव, क्या जानवर, क्या पेड़-पौधे, सभी एक-दूसरे से जैसे प्रेम भाव से जुड़े

यशोधरा और राहुल

अजन्ता की गुफा में चित्रित हाथी

हुए हैं। बन्दरों की चुहलबाजी सजीव हो उठती है। हाथी, कमल भरे सरोवर में हथिनियों के साथ कल्लोल करता है, कमलनाल तोड़-तोड़ उन्हें देता है, फिर अद्भुत तुष्टि के साथ अपनी सूंड़ हथिनी की पीठ पर प्रेमपूर्वक रख देता है, रस बरस पड़ता है। अजन्ता का चित्र-जगत् अनुपम महाकाव्य है, जिसमें असाधारण मात्रा में रस भरे पड़े हैं।

अजन्ता की अपनी शैली है जो उसके यथार्थ चित्रण के बावजूद दूसरे चित्रों में पहचानी जा सकती है। इस शैली की विशेष पहचान उसके नेत्रों और उँगलियों की आकृति है। आँखें लम्बी, कमलाकार लम्बी और उँगलियाँ पल्लव टहनियों की सी लचीली मुद्रा में हैं। इसी

अजन्ता की एक कमनीय मूर्ति

से अजन्ता की आकृतियाँ यथार्थ के साथ ही परम्परा से भी जुड़ी हैं। आकृतियों की सुकुमारता और शक्ति अपना राज लिए हुए हैं, जो अन्यत्र नहीं मिलते।

प्रधान दृश्यों के अतिरिक्त खम्भों पर चाँदनी और खाली जगहों में जिन अलंकार-आकृतियों का चित्रण हुआ है, वे भी प्रधान से कुछ

कम प्रभाव या आकर्षण नहीं रखते। हवा में उड़ते गन्धर्व, विद्याधर, विद्याधरियाँ और अप्सराएँ, खम्भों की नर्तकियाँ-प्रसाधिकाएँ अद्भुत भावभंगी के साथ चितेरे की कूची के डंठल पर खिल उठी हैं। अजन्ता में अभिप्रायों की संख्या अनन्त है। तरह-तरह की 'डिजाइनें' अत्यधिक संख्या में मिलती हैं।

पाँचवीं सदी ईस्वी और गुप्त काल के चित्र दूसरे युग के चित्रों के साथ ही पहली, सोलहवीं और विशेषकर सत्रहवीं गुफा में हैं। बुद्ध पर कामदेव का आक्रमण, नागराज और अवलोकितेश्वर के चित्र पहली गुफा में हैं। गौतम बुद्ध का घर छोड़ना, राहुल के साथ यशोधरा की निद्रा, मरती राजकुमारी के दृश्य सोलहवीं गुफा में हैं। सत्रहवीं गुफा के चित्र भी बेजोड़ हैं। माँ-बेटे के चित्र उसी में हैं। बुद्ध कपिलवस्तु लौटे हैं, वहाँ राजा पिता के नगर में भी घर-घर भिक्षा माँग रहे हैं। यशोधरा के घर भी वे पहुँचते हैं और सभी घरों की भाँति भिक्षा-पात्र वहाँ भी आगे कर देते हैं। यशोधरा राहुल को लिए खड़ी है। वह बुद्ध को बुद्ध के रूप में नहीं, केवल पति के रूप में जानती हैं और जब स्वयं पति उसके सामने भीख माँग रहा है तो क्यों न वह अपना सर्वस्व दे डाले। वह उसे सर्वस्व दे डालती है। वह सर्वस्व उसका राहुल है, उस माँ का सर्वस्व जिसे उसका पति छोड़ चुका है। उसका एकमात्र सहारा वही पुत्र राहुल है, पर उसे भी वह दे डालती है। उसी दान का चित्र कलाकार ने इस गुफा में गजब की खूबी से खींचा है। देखने वालों का हृदय उसे देख रो उठता है। आगे की कहानी है कि माँ ने राहुल से कहा–'बेटे, पिता से अपनी दाय (विरासत) माँग'। बुद्ध ने चेले से कहा 'आनन्द, राहुल को प्रवज्या दो।' सचमुच बुद्ध के पास सिवा संन्यास के और क्या था!

4. पूर्व मध्य-युग

अजन्ता की पहली गुफा के कुछ चित्र सातवीं सदी के हैं, पर दूसरी में तो उनकी भरमार है। समय बदल जाने पर भी चित्रों की सुकुमारता या सौन्दर्य में कोई विशेष अन्तर नहीं आया है। फिर भी पूर्व-मध्य काल की भारतीय चित्रकला के सुन्दर और कुछ दूसरे नमूने अजन्ता के बाहर अन्य स्थानों में हैं–बाघ, बादामी, सित्तनवासल और एलोरा की गुफाओं में। पूर्व-मध्य युग के चित्र साधारणतः 600 ईस्वी से 900 ईस्वी के बीच के हैं।

बाघ–बाघ की गुफाएँ मध्य प्रदेश राज्य (ग्वालियर. मालवा) में

बाघ की एक कलाकृति

बाघ नाम की नदी के किनारे हैं। इनका पता अजन्ता की गुफाओं के बाद चला, बीसवीं सदी में। हैं ये गुप्तकाल से कुछ ही बाद की। गुफाओं की संख्या नौ है, पर वे प्रायः टूटी-फूटी हालत में हैं। चित्र चौथी और पाँचवीं गुफाओं में हैं, सजीव और गतिमान, अजन्ता के चित्रों से मिलते-जुलते। एक चित्र में रोती नारी का बड़ा करुण चित्रण हुआ है। हाथियों और घोड़ों का चित्रण बाघ में असाधारण सुन्दर ढंग से हुआ है। बाघ के चित्रों की शैली अजन्ता से बहुत मिलती है।

बादामी—वातापी या बादामी चालुक्य राजाओं की राजधानी थी। यहीं के राजा पुलकेशिन द्वितीय ने हर्षवर्धन को हराया था। अपनी उस

बादामी गुफा-मन्दिर का एक भित्तिचित्र

जीत का हाल उसने ऐहोल के अभिलेख में लिखवाया। बादामी ऐहोल के पास ही है। बादामी में चार गुफाएँ हैं। इन गुफा मन्दिरों में भित्तिचित्र हैं जो काफी सुन्दर हैं और बाघ के चित्रों से बेहतर स्थिति में हैं। खम्भे के सहारे प्रतीक्षा में खड़ी नारी का चित्र अभिराम है। वैसे वहाँ के अनेक चित्रों की जानकारों ने प्रशंसा की है।

सित्तनवासल—दक्षिण में तंजोर के पास पुदुकोट्टा में पल्लवों की बनवाई गुफाओं में दीवारों पर चित्र बने हैं। इन दरी-गृहों (गुफा-मन्दिरों) और चित्रों का निर्माण सातवीं सदी ईस्वी के पूर्वार्द्ध में महेन्द्रवर्मन् प्रथम

प्रकृति-चित्रण (सित्तनवासल)

और उसके बेटे नरसिंहवर्मन् ने कराया था। इनकी कुछ नारी-मूर्तियाँ बड़ी कमनीय और आकर्षक हैं। सित्तनवासल के चित्रों की शैली भी अजन्ता जैसी ही है। इनमें भी बड़ी गति और जीवन है। सरोवर, कमल-वन, पुष्प-चयन, नृत्य, अलंकार आदि के कुछ नमूने वहाँ बड़े

सुघड़ हैं।

एलोरा—एलोरा के गुफा-मन्दिर संख्या में उनतीस हैं। अजन्ता से ये करीब पचहत्तर मील और औरंगाबाद से दौलताबाद (यादवों की देवगिरि) के पास सोलह मील की दूरी पर हैं। यहाँ हिन्दुओं और जैनियों के मन्दिर हैं और अधिकतर उनमें मूर्तियाँ कटी हुई हैं, पर कैलाश, इन्द्रसभा आदि कुछ गुफाओं में सुन्दर चित्र भी बने हैं। शायद अन्य

एलोरा की चित्र-शैली

गुफाओं में भी चित्र थे जो अब मिट गए हैं। बचे हुए चित्र अनुमानतः आठवीं सदी के हैं। अच्छे होते हुए भी इनमें और अजन्ता के चित्रों में बड़ा अन्तर है। ये उनके सामने घटिया स्तर के हैं। वास्तव में एलोरा का महत्त्व उसके चित्रों में नहीं मूर्तियों में है, जैसे अच्छी मूर्तियों के बावजूद अजन्ता का महत्त्व उसके चित्रों में है। एलोरा के कैलाश-मन्दिर के कुछ चित्र यौन और शृंगारिक हैं।

5. उत्तर मध्य-युग

यह युग सामान्य तौर पर 900 ई. से 1200 ई. के बीच माना जाता है, पर इसकी निचली सीमा कुछ बाद तक चली जाती है। इस युग में धीरे-धीरे भित्ति-चित्रों का ह्रास और अभाव होने लगता है। इस काल के अन्तिम वर्षों में छोटे चित्र तालपत्रों की पोथियों पर भी बनने लगते हैं। चित्रों की सुन्दरता भी अब प्रशंसनीय नहीं रह जाती। सुरुचि और आकृति की रुचिरता भी पहले जैसी नहीं रह पाती।

इस काल के कुछ चित्र एलोरा के गुफा-मन्दिरों में भी मिलते हैं। इनमें से कुछ धार के परमार राजा भोज के भतीजे उदयादित्य के बनवाए हुए हैं। इनका समय ग्यारहवीं सदी का उत्तरार्ध है। इस काल में पोथियों के पत्रों पर चित्रण शुरू हो गया था। हम यहाँ उनका उल्लेख करेंगे। इनका विशेष प्रचार पूर्वी भारत और पश्चिमी भारत में था।

पूर्वी शैली—पूर्वी शैली बंगाल और बिहार की शैली है। ये प्रदेश पाल शासन में थे। इससे इस शैली का नाम पाल शैली भी पड़ा। इस शैली के भीतर तिब्बत और नेपाल की पोथियों के चित्र भी आते हैं, विशेषकर नेपाल की पोथियों के, क्योंकि तिब्बत में उनकी जगह ध्वजा-चित्रण का प्रथा थी, जो चीनी चित्रण की चेरी थी। यद्यपि उसके विषय भारतीय बौद्ध धर्म के थे। इनका समय लगभग दसवीं से तेरहवीं सदी के बीच का है।

पोथियों के हाशियों और ऊपर-नीचे की पट्टियों पर चित्र बने रहते हैं। पाल शैली के चित्र अधिकतर महायान सम्प्रदाय की बौद्ध पोथियों पर हैं। ये सुन्दर ताड़ के पत्तों पर लिखी हुई हैं। चित्र बुद्ध और बौद्ध धर्म के देवी-देवताओं के हैं। पूर्वी शैली पर अजन्ता का विशेष प्रभाव

पूर्वी शैली की एक कलाकृति

है। साथ ही, इनमें स्वतन्त्र छन्द और गतिमानता की कमी है, अंकन की परम्परा में जकड़े होने के कारण लगता है ये चित्र हिल नहीं पाते। नाक इनमें विशेष लम्बी होती है और परली आँख का कुछ अंश दिखता रहता है। चेहरा एकतरफा होता है। पाल शैली की ये पोथियाँ देश-विदेश के अजायबघरों में सुरक्षित हैं।

पश्चिमी शैली आम की फांक-सी लम्बी आंखें

पश्चिमी शैली—पश्चिमी शैली पश्चिमी भारत, गुजरात और दक्खिनी-पश्चिमी राजस्थान में पाई गई है। इसे 'जैन शैली' भी कहते हैं क्योंकि जैन धर्म का इन प्रदेशों पर गहरा प्रभाव था। इस

शैली के चित्र श्वेताम्बर जैन पोथियों पर अधिक मिलते हैं। इस ढँग से चित्रों की पहचान गरुड़ की सी आगे निकली हुई नाक, दूसरी आँख का दिखता हुआ एक भाग, छोटी ठुड्डी, आम की फाँक-सी दूर तक फैली कोनों वाली आँख, ऐंठी उँगलियाँ, पिचका पेट, जकड़ी आकृति आदि है। इनमें रंगों की विविधता कम होती है। लाल, पीले रंगों का प्रयोग अधिक होता है। ये चित्र चौदहवीं-पन्द्रहवीं सदी में कागज पर भी बनने लगे। धीरे-धीरे यह शैली पश्चिम से बढ़कर पूरब की ओर भी फैल गई। इसकी काल-सीमा भी तब विस्तृत हो गया। इसका एक रूप कश्मीर में भी चला, जो कश्मीर शैली के नाम से विख्यात हुआ।

पश्चिमी शैली में नारी

6. राजपूत-युग

पिछला युग ह्रास का युग रहा था। उसके बाद पन्द्रहवीं सदी में चित्रकला के क्षेत्र में एक नई प्रेरणा, नई स्फूर्ति आई। इस काल के कुछ पहले ही संगीत के रागों का सम्बन्ध चित्रों से हो चुका था और एक अंश में रागमाला का निरूपण होने लगा था। कृष्णलीला और रीतिकाव्यों से सम्बन्ध रखने वाले चित्र भी बनने लगे थे। इस काल में जिस प्रसिद्ध नई चित्र शैली का आरम्भ हुआ, वह 'राजस्थानी कलम' कहलाती है। राजस्थानी शैली का विशेष विकास सोलहवीं-सत्रहवीं सदी में हुआ।

जहाँ तक चित्रों के विषय का सम्बन्ध है, राजस्थान और उसके शीघ्र पहले के पश्चिमी शैली के चित्रों में समानता है। दोनों के विषय अधिकतर रागमाला, रीति-शृंगार, ऋतु और कृष्ण-चरित्र हैं। दोनों में विशेष अन्तर ये हैं : पहले के चित्र कागज पर हैं और राजस्थानी शैली चित्र के कई परत जमाए

राजस्थानी कलम द्वारा चित्रित कृष्णलीला

कागज (वसलियों) पर हैं। पहली शैली में दूसरी आँख का भी एक भाग दिखता है, दूसरी शैली में नहीं। दूसरी शैली में रंग अनेक और अधिक चटख हो जाते हैं।

राजस्थानी व मुगल शैली का सम्मिश्रण

राजस्थानी शैली के चित्रों का आरम्भ गुजरात में हुआ जान पड़ता है। पश्चिमी भारत की गुजराती परम्परा चित्रों के क्षेत्र में प्रसिद्ध थी, जो धीरे-धीरे मेवाड़ के कलावन्तों पर हावी हुई। वैसे राजस्थानी कलम का विकास मुगल कलम के साथ-साथ भी हुआ। दोनों एक-दूसरे से पर्याप्त प्रभावित हुए। राजस्थानी शैली का दूसरा नाम राजपूत शैली है क्योंकि इसका विकास राजपूत राजाओं के दरबार में हुआ। तब उत्तर भारत में मुसलमानों से भिन्न राजसत्ता राजपूतों के हाथ में ही थी, जिससे वह काल 'राजपूत युग' भी कहलाता है।

राजपूत युग

सोलहवीं सदी के राजस्थानी चित्र जैन ग्रन्थों पर भी दिखाई पड़ते हैं और अगली सदी में इसी शैली का अधिकाधिक उपयोग होने लगता है। और बातों में तो इस काल में भी यह कलम पहले जैसी ही है, पर आँखें मछली की तरह कटावदार हो गई हैं।

सत्रहवीं सदी में राजस्थानी चित्रों का एक केन्द्र बुन्देल खंड के रजवाड़ों में बना और वहाँ भी रागमाला और कृष्णलीला के चित्र बनने

लगे। पर निश्चय ही उनकी चित्रकारिता कमजोर है और इनकी तुलना राजस्थानी सुन्दर चित्रों में नहीं की जा सकती।

अठारहवीं सदी तक राजस्थानी शैली पूरे तौर पर खिल आई थी। अब भी इसमें अलंकारिता की कमी नहीं है और उसके विषय भी अब अपना विशिष्ट चमत्कार रखने लगे हैं। रागमाला, कृष्णचरित्र, बारहमासा इनके प्रिय विषय होते हैं। इस काल के ग्रन्थों में भी इस शैली का भरपूर उपयोग हुआ है। इस राजस्थानी कला के प्रमुख केन्द्र हैं, उदयपुर, नाथद्वारा बूँदी, जोधपुर और जयपुर।

योद्धाः राजपूत शैली

रास-लीला : बुन्देली शैली

धीरे-धीरे इस शैली का विस्तार दक्षिण भारत में तंजौर-रामेश्वरम् तक हो गया। दक्खिन और मैसूर में भी इसकी शाखें लगीं और इसे पर्याप्त लोकप्रियता प्राप्त हुई।

यहाँ राजस्थानी की ही एक शैली बसौली कलम का उल्लेख कर देना उचित होगा। बसौली जम्मू के पास है। सत्रहवीं सदी में उसका विकास वहाँ के मध्यप्रदेशीय राजघराने ने किया। देश के कला-पारखियों ने इस शैली को पर्याप्त आदर दिया है।

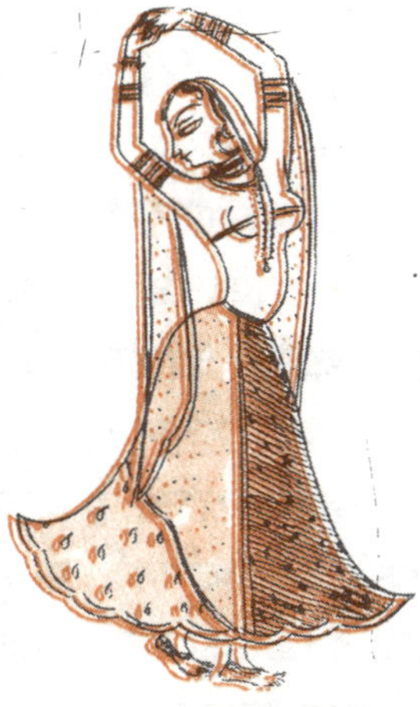

बूंदी की चित्रशैली

नाथद्वारा शैली में श्रीकृष्ण का चित्र

इस अंकन के प्रिय विषय–रामायण, महाभारत, गीत-गोविन्द आदि ग्रन्थों के प्रसंग, राग-माला और नायिका-भेद हैं। रंग इनमें तेज होते हैं, जमीन सपाट होती है, आँखें बड़ी-बड़ी मछली की सी और ललाट पीछे को हटता हुआ चित्रित होता है। चित्रों पर टाकरी या देवनागरी में लिखावट होती है। इसका उत्कर्ष काल 18वीं सदी का मध्य है।

बसौली शैली

7. पूर्व मुगल शैली

मुगल शैली के चित्रों की बात शुरू करने से पहले उसकी पृष्ठभूमि के बारे में कुछ जान लेना जरूरी है। मुगलों के हिन्दुस्तान जीतने और अपनी नई कलम तैयार करने से पहले, जैसा हम देख चुके हैं, भारत अपनी चित्रशैलियों में काफी समृद्ध था। पूरबी, पश्चिमी (जैन) और अपनी विविध शाखाओं-उपशाखाओं के साथ राजस्थान की शैलियाँ देश में फैली हुई थीं। इनकी अपनी भावभंगिमा थी, रंगों का अपना तरीका और अन्दाज़ था, विषय और उद्देश्य थे। उस चित्रकारी में यद्यपि अजन्ता की खूबी नहीं थी, पर अपने रूप में वह काफी समुन्नत थी, काफी प्रौढ़।

मुगल जो हिन्दुस्तान आए तो अपने साथ बाहर की एक शैली लाए। वे स्वयं एक विकसित प्रसिद्ध कलम के वारिस थे। वह कलम ईरानी थी। ईरान सदियों से मध्य एशिया का सांस्कृतिक नेतृत्व करता आ रहा था। उसके चित्रों की शैली असाधारण प्रौढ़ता प्राप्त कर चुकी थी। उस पर कुछ इस्लाम का प्रभाव था, कुछ और भारतीय-बौद्ध चित्रशैली का और मुख्यतः चीनी शैली का। सातवीं सदी ईसा-पूर्व से ही उसकी अपनी कला असीरी कला से प्रभावित रही थी, जिसने ईसा-पूर्व तीसरी सदी में अशोक की मूर्तिकला को भी प्रभावित किया था। उसकी परम्परा छठीं सदी ईस्वी तक तो किसी-न-किसी रूप में सीधी कायम रही थी। चीनी कला ने भी उस पर अपना गहरा असर डाला था, चीनी कला का, विशेषकर उसकी चित्रलिपि का प्रभाव प्रायः सारे मध्य एशिया की चित्रकला पर पड़ा था और पड़ोसी होने के कारण ईरान पर तो खास था। यह प्रभाव सांस्कृतिक था। फिर जब चँगेज खाँ और कुबलैखाँ ने ईरान को जीतकर उस पर अपना राजनीतिक शासन स्थापित किया,

तब तो ईरान पर चीनी-मंगोल कलम का जादू और गहरा हो गया। ईरानी कलम में विविध प्रकार से चीनी प्रभाव मिल गया।

मुगल-वंश, परम्परा और संस्कृति दोनों बातों में चीन और ईरान की सम्मिलित सांस्कृतिक दाय का वारिस था। भारत में मुगलिया-तैमूरिया खानदान की सल्तनत कायम करने वाला बाबर माँ की ओर से मंगोली-चीनी चँगेज का और पिता की ओर से ईरानी संस्कृति के तुर्क तैमूर का वंशज था। तैमूर चाहे जिस ख़ूनी प्रवृत्ति का रहा हो, उसके सीर-आमू नदियों के फरगना में ईरानी केसर फूलती थी। फिरदौसी के 'शाहनामा' की कितनी ही घटनाएँ आमू दरिया के ही किनारे घटी थीं। फरगना की सारी संस्कृति ईरानी थी। वस्तुतः तैमूर के समरकन्द में तीन कला-संस्कृतियों का संगम था–ईरानी, चीनी और भारतीय का।

ईरानी-कलम को प्रौढ़ बनाने में तैमूरिया खानदान के वंशधरों का बड़ा हाथ था। ईरान का सबसे बड़ा चितेरा बिहज़ाद तैमूर के सुसंस्कृत बेटे शाहरुख की संरक्षता में बढ़ा था। उसकी राजधानी हेरात थी और इसी कारण हेरात मध्य और पश्चिमी एशिया का सबसे बड़ा चित्र-केन्द्र बन गया था। हेराती कलम चित्रकला के इतिहास में बहुत ऊँचा स्थान रखती है। उस कलम को चोटी तक पहुँचाने वाला बिहजाद ही था, जिसके आका के मरने पर सफवी खानदान का पहला ईरानी शाह उसे तबरेज ले गया और तब से तबरेज भी तस्वीरों के केन्द्र में अग्रणी हुआ। ईरान की चित्रकला का तीसरा केन्द्र शीराज था।

मुगल जब हिन्दुस्तान आए, तब उनके पास इसी सम्पदा की विरासत थी। बाबर गजब का सुन्दर लिखने वाला था–साहित्य भी, अक्षर भी और प्रकृति के बारे में भी। आदमी और पक्षी का तो वह बड़ा ही सजीव चित्रण करता था। हुमायूँ उसी की तरह कला का पुजारी था। बाबर के दरबार में चित्रकारों का होना तो इतना प्रसिद्ध नहीं है, पर हुमायूँ उनका बड़ा संरक्षक था। जब वह शेरशाह से हुए युद्ध से भागकर ईरान में सालभर ठहरा, तब उसे ईरानी चित्रकारों को नजदीक से जानने का पर्याप्त अवसर मिला। कुछ मशहूर चित्रकारों को वह

अपने साथ हिन्दुस्तान भी लाया। इनमें शीराज़ का ख्वाज़ा अब्दुस्समद और तबरेज का मीर सैयदअली उल्लेखनीय हैं। उनके ब्रुश का ही वह जादू था, जिसने हमारे देश में यह कलम लगाई, जिसे मुगल कलम कहते हैं, जैसी पहले न कभी ईरान ने देखी थी, न हिन्दुस्तान ने और यह सफाई तथा सुकुमारता की प्रतीक बन गई।

8. मुगल शैली

भारतीय कला की बहती धारा में जब-जब नए स्रोत आकर मिले हैं, तब-तब उसमें विशेष गति और सुन्दरता आई है। ईरानी कला का भारतीयकरण वही नई धारा थी, जिसने भारत को एक नई शैली दी। वह कलम भारत में ही जन्मी और बढ़ी, यद्यपि उसको जन्म देने वाले विदेशी और भारतीय दोनों थे, दोनों ऐसे जो इस देश को अपना घर मानते थे। मुगलों ने भारत को बहुत कुछ दिया–कौमी मेल, सशक्त शासन, संसार को एक से एक सुघड़ इमारतें और वह अद्भुत चित्रशैली 'मुगल कलम', जो अजन्ता के बाद भारतीय चित्र-माला की मुकुट-मणि है।

मुगल बादशाह : अकबर

मुगल शैली के चित्रों में विशेषतः तीन तरह के चित्र पाए जाते हैं–व्यक्ति चित्रण, पुस्तक चित्रण और विविध स्थितियों के प्रकृति अथवा सौन्दर्य या घटना चित्रण। इनमें से पहले दो प्रकार के चित्र सोलहवीं सदी या अकबर काल की विशेषता हैं। यद्यपि इसका मतलब यह हरगिज

नहीं कि तीसरे प्रकार के चित्र तब नहीं बने या पहले-दूसरे प्रकार के चित्र बनने बाद में बहुत कम हो गए।

अकबरकालीन चित्रों में पोथी-विषयक चित्र बहुत हैं। फारसी, संस्कृत, हिन्दी की अनेक पुस्तकों को चित्रों द्वारा स्पष्ट और अलंकृत किया गया। उस काल में अनेक संस्कृत ग्रन्थों का फारसी अनुवाद भी हुआ जिनमें अनुपम कलाकारों के चित्र भर गए। इनमें हम्ज़ा के किस्से, चँगेज़नामा, जफरनामा, आईने-अकबरी, अकबर-नामा, शाहनामा, तवारीख-खानदाने-तैमूरिया, रज़्मनामा (महाभारत), रामायण, नल-दमयन्ती के चरित्र, कलीला-दमना (पंचतन्त्र) आदि अनेक इतिहास, कानून व साहित्य के ग्रन्थ चित्रों से सज गए।

मुगल सैनिक

इन चित्रों से एक दूर की पुरानी भूली हुई दुनिया फिर से जी उठती है। इनमें चित्रों की संख्या अनगिनत है। अकेले 'किस्सा अमीर हम्जा' की बारह जिल्दें तैयार हुईं, जिनमें चौदह सौ चित्र लगाए गए। रामायण, महाभारत और पंचतन्त्र के किस्सों की बहुतायत से उनके चित्रों का अन्दाज भी लगाया जा सकता है। इनमें से कुछ पोथियाँ आज भी अपने देश के अजायबघरों में, बाकी अधिकतर विदेशों में सुरक्षित हैं। ये सभी पोथी चित्र सन् 1605 में अकबर की मृत्यु से पहले तैयार किए जा चुके थे।

ये सारी पोथियाँ आज उपलब्ध नहीं, पर इनके इक्के-दुक्के अनेक चित्र देखने में आ जाते हैं। और ये पोथियाँ भी कुछ थोड़ी नहीं हैं। कुछ तो अकबर ने स्वयं बनवाईं, कई बार दो-दो तीन-तीन प्रतियों में। कुछ शहज़ादों, अमीरों ने अपने लिए, कुछ बादशाह और अमीरों ने उपहार-भेंट देने के लिए और कुछ प्रकाशक-सौदागरों से बेचने के लिए। पंचतन्त्र के कई चित्रित फारसी अनुवाद तैयार हुए। इनमें सबसे अधिक लोकप्रिय 'अनवार सुहेली' है, जिसकी शायद चार प्रतियाँ तैयार हुई थीं। ये चारों आज संग्रहालयों में हैं–एक बलरामपुर में है, दूसरी रामपुर में, तीसरी ब्रिटिश म्यूजियम, लन्दन में है और चौथी रायल एशियाटिक सोसाइटी, लन्दन में। इनके चित्रकारों की संख्या सोलह है जिनमें दस हिन्दू और छः मुसलमान हैं।

अकबर जो सहिष्णु नीति अपने शासन के रवैये में बरतता था वही कलाकारों के चुनने में भी, यानी उसके सामने हिन्दू-मुसलमान का भेद नहीं था। हुनर की खूबी ही उनके चुनाव का कारण थी, जिससे देश-विदेश से उसने कलम के कलावन्तों को चुनकर अपने दरबार में रखा था; उन्हें ऊँचे-ऊँचे मनसब और ओहदे दिए थे। अबुल फजल लिखता है कि चित्रकला में निष्णात अकबर का प्रसाद पाए उच्च कोटि के चित्रकारों की संख्या सौ से अधिक थी और साधारण कोटि के कलाकारों की तो कोई गिनती ही न थी। हाँ, मुसलमान चित्रकारों से कहीं अधिक संख्या हिन्दू चित्रकारों की थी और उनके बीसों नाम–केशो, लाल, मुकुन्द, माधो, जगन, महेश, खेमकरन, तारा, साँवला, हरबंस, राम आदि हमें मालूम हैं। अकबरकालीन चार चित्रकारों के नाम विशेष आदर से लिए जाते हैं। इनका उल्लेख अबुल फजल ने भी किया है। इनमें दो हुमायूँ द्वारा ईरान से लाए हुए, तबरेज का मीर सैयदअली और शीराज का ख्वाजा अब्दुस्समद थे। दूसरे दो दसवन्त(जसवन्त) और बसावन हिन्दुस्तानी थे।

अकबर ने इस प्रकार अपने को साम्प्रदायिक ओछेपन से दूर रखा। इस्लाम के निषेध के बावजूद उसने आदमी और जानवरों की तस्वीरें

बनवाई और हजार-हजार रंगीन रेखाओं में उसके चित्रकारों ने प्राण के जादू फूँके। अकबर देशी-विदेशी दोनों साहित्यों-संस्कृतियों का धनी था, हिन्दू-मुसलमान दोनों हुनरमन्द चित्रकारों का संरक्षक। इससे दोनों की सम्पदा का वह मालिक बना। उसने देशी विषयों के चित्रण के लिए विदेशी कलाकारों का उपयोग किया, शायद उसी तरह जैसे कभी ग्रीक राजाओं ने ग्रीक मूर्तिकारों का उपयोग किया था। पर जहाँ भारतीय ग्रीक या गान्धार शैली कभी शुद्ध ग्रीक शैली के बराबर तक न उठ सकी, भारतीय-मुगल शैली ईरानी कलम से साफ बाजी मार ले गई। अकबर की सहिष्णुता ने सोने में सुगन्ध बिखेर दी।

अकबर के बाद जहाँगीर मुगल सम्राट् हुआ। कहना न होगा कि चित्रों की समझ-परख, अपनी सुरुचि और सोफियानेपन में वह बाप से भी बढ़ा-चढ़ा था। जहाँगीर-कालीन मुगल कला चित्रकला का स्वर्ण युग है। यह युग उस कला का सुन्दरतम काल है। जहाँगीर के समय की चित्रकला के सम्बन्ध में तीन-चार बातें विशेष रूप से उल्लेखनीय हैं—ईरानी रुख, घटनापरक रूपायन, प्राकृतिक सौन्दर्य और स्वाभाविकता।

अकबर ने अपने पास ईरानी चित्रकार मीर सैयद अली और ख्वाजा अब्दुस्समद के होते हुए भी चित्र शैली का भारतीयकरण किया था, पर जहाँगीर अपने ईरानी चित्रकारों के साथ एक बार फिर ईरानी शैली की ओर झुका। आका रिंजा और उसके बेटे, जहाँगीर के प्रिय चित्रकार अबुलहसन के बनाए चित्रों में ईरानी कलम फिर से जी उठी। पर धीरे-धीरे जहाँगीर उससे विरक्त हो गया स्थानीय घटनापरक रूपांकन की ओर और झुकता गया। कुछ पोथियाँ फिर भी चित्रों द्वारा अलंकृत होती रहीं। जहाँगीरनामा इसी प्रकार की सचित्र पोथी है। पर ज्यादा आकर्षण अब घटनाओं की ओर है; जहाँगीर के जीवन और दरबार-सम्बन्धी घटनाओं की ओर। इनमें से अनेक साधु-सन्तों आदि से भी सम्बन्ध रखती हैं। इसी प्रकार के चित्रों में बिशनदास बेजोड़ था। शेख फूल नामक सूफी सन्त का प्रसिद्ध चित्र उसी का बनाया हुआ है। ईरान के शाह का चित्र बनाने के लिए भी जहाँगीर ने इसी बिशनदास को भेजा था

और वह चित्र इतना सुन्दर बना कि शाह अब्बास और बिशनदास दोनों अमर हो गए। जीवन-सम्बन्धी घटना-चित्रों में कुछ भाव-चित्र भी हैं, जिनमें क्रोध, घृणा, करुणा आदि की अपूर्व अभिव्यक्ति हुई है।

मुगल-शैली में चित्रित एक पक्षी

प्राकृतिक सौन्दर्य का अंकन जितना और जितनी दक्षता से जहाँगीर के चित्रकारों ने किया, उतना कभी नहीं हुआ। शिकार के चित्रों में पक्षी अपना भय, क्रोध लिए हुए हैं। उनका व्यक्तित्व सर्वथा निजी है। पशु-पक्षियों के चित्रों में जहाँगीर-कालीन चित्रकला लासानी है। मंसूर उनका बेजोड़ चित्रकार था। प्रकृति का निरीक्षण भी उनमें खूब है। पेड़-पौधों का इतना सुन्दर रूपांकन अन्यत्र नहीं मिलता। पत्ता-पत्ता जैसे जी उठता है, हिल उठता है। पहाड़, नदी, बादल चुप्पी में भी जैसे अपनी बातें कह उठते हैं।

चौथी खूबी उस कला की स्वाभाविकता है। इतनी सादगी, सुरुचि और सच्चाई से चित्र-वस्तु का निरूपण कभी नहीं हुआ–जैसे इस समय चित्रकारों की तूलिका से, एक लकीर कहीं ज्यादा-कम नहीं जो बदली जा सके या घटाई-बढ़ाई जा सके। इस स्वाभाविकता का कारण यूरोपीय कला से सम्पर्क बताया जाता है। जब-जब भारतीय संस्कृति और कला का सम्बन्ध विदेशी संस्कृति और कला से हुआ है, तब-तब उसमें नई जान, नई शक्ति आ गई है। ईरानी और भारतीय शैली का विकास मुगल-कलम में हुआ और मुगल-कलम और यूरोपीय शैली का विकास जहाँगीर-कालीन सुथरी, स्वाभाविक कला में। उस समय यूरोप में

इटली-स्पेन से हालैंड तक असाधारण चित्रकारों का सिलसिला चला हुआ था, एक से एक अभिराम चित्र वहाँ बन रहे थे। 'रेनेसां' की भावधारा ने यूरोपीय चित्रकारों का सम्पर्क जन-जीवन से स्थापित कर दिया था; अनेक चित्रकार निचले स्तर से भी उठे थे। और इन यूरोपीय चित्रों की बाढ़-सी जहाँगीर के दरबार में आ गई। उसके दरबार में अनेक यूरोपीय आए, उनके साथ अनेक चित्र आए, उनकी कितनी नकलें दरबारी भारतीय चित्रकारों ने कीं। नकलें ऐसी कि असल के पास रख देने पर असल के मालिक भी असल-नकल का भेद न पा सकें। इससे यूरोपीय चित्रकला का जहाँगीरी कलम पर प्रभाव पड़ता लाजिमी था।

जहाँगीर के चित्रकारों में भी हिन्दू चित्रकारों की संख्या अधिक थी। बिशनदास का नाम ऊपर आ चुका है। उसके अलावा मनोहर, गोवर्धन आदि अनेक और प्रख्यात चित्रकार उस काल की मुगल-कलम को सँवार रहे थे।

शाहजहाँ की शानो-शौकत उसकी इमारतों की ही भाँति चित्रों में भी उतरी। रंगों, शक्लों आदि में कीमतीपन आया। शाहजहाँ-काल की चित्रकला की दो विशेषताएँ चित्र में अधिकाधिक नारी-रूपों का निरूपण और ईसाई धर्म के चित्रण हैं। यूरोपीय चित्रकला के सम्पर्क से भारतीयमुगल चित्रों पर फिरंगी प्रभाव तो जहाँगीर के ही समय से पड़ने लगा था। यूरोपीय-हिन्दुस्तानी ईसाइयों की भी एक बड़ी संख्या देश में हो गई थी। दूर दक्षिण में तो उनकी बस्तियाँ थीं ही, पूरब में भी पुर्तगाली, डच वगैरह लोगों को जबर्दस्ती ईसाई बनाने लगे थे जिसका शाहजहाँ ने जँगी प्रतिकार भी किया था। ख़ैर, मुगल-कलम में जो ईसाई चित्र बने, उनमें विशेषतः दोनों शैलियों का संगम था।

शाहजहाँ के चित्रकारों में भी हिन्दू चित्रकारों की संख्या खासी थी। चतुर्मणि, अनपचतुर, बालचन्द, होनहार, विचित्र आदि उस काल के प्रसिद्ध हिन्दू चित्रकार थे। इन्हीं हिन्दू चित्रकारों में विख्यात फतहचन्द था, जिसने बल्ख़ का अभिराम चित्र खींचा था। बल्ख़-फरगना को जीतने के लिए अकबर, जहाँगीर, शाहजहाँ सभी ने कोशिशें की थीं। शाहजहाँ

के समय उसके बेटे मुराद ने कुछ साल के लिए उसे जीता भी था।

औरंगेजब कट्टर मुसलमान था और उसका दृष्टिकोण बड़ा संकुचित था। वह कला की ओर से सर्वथा उदासीन था। वही मुगल साम्राज्य के विध्वंस का कारण भी हुआ। मुगल साम्राज्य के टूटने और औरंगजेब की ही बेरुखी से दिल्ली-आगरे के चित्र केन्द्र भी टूट गए। फिर भी औरंगजेब की ही अनेक तस्वीरें मिलती हैं। जाहिर है कि कला की साधना बराबर होती रही।

मुगल-कलम का गौरव मुहम्मदशाह के जमाने तक बना रहा। पर नादिरशाह और अहमदशाह अब्दाली की चोट ने ज़रूर उसे तितर-बितर कर दिया। शाहआलम के जमाने में भी उस शैली के कुछ सुन्दर चित्र बने और अब चित्रकारों के परिवार दिल्ली आगरा छोड़ अन्य प्रान्तों में नए दरबारों का आश्रय ले चुके थे। उन नई पीठों में प्रधान लखनऊ, हैदराबाद, मुर्शिदाबाद, पटना आदि थे, जहाँ पिछली मुगल शैली की कलम लगी। साथ ही इन मुगलिया चित्रकारों के वहाँ चले जाने के बाद मुगल कलम ने अपनी कला और साधना से राजस्थानी शैली को भी सींचा, जिससे उसमें और निखार आया। साथ ही, पहाड़ी क्षेत्रों में इसकी कितनी ही शाखाएँ फूट पड़ी थीं। उन्नीसवीं सदी के तीसरे चरण तक दिल्ली-आगरे का मुगल चित्र-केन्द्र टूट चुका था।

दक्षिणी शैली—अकबर के समय ही दक्षिण की बहमनी आदि

एक दक्षिणी शैली में चित्र

रियासतों में चित्रकला के क्षेत्र में नई स्फूर्ति आई। पश्चिमी और राजस्थानी कला की बेलें तो वहाँ कब की लग चुकी थीं; समय आने पर दक्षिण में मुगल प्रभाव भी बढ़ा और मुगलिया सल्तनत के टूट जाने पर तो विशेषकर हैदराबाद की निजामत ने उसे अपने संरक्षण में ले लिया। इन दक्षिणी चित्रों की विशेषता उनकी आकृतियाँ का लम्बा कद, धारीदार पहनावा आदि हैं। उनमें फूल-पत्ती का भी खासा व्यवहार है।

आगे हम उस पहाड़ी शैली का उल्लेख करेंगे जो स्थानीय और मुगल चमत्कारों से सजीव हुई और जिसकी मौलिकता भारतीय चित्रकला में अपना अलग स्थान रखती है।

9. पहाड़ी शैली

अट्ठारहवीं सदी के बीच जब मुगल सल्तनत उखड़ गई, तब सैकड़ों प्रसिद्ध दरबारी चित्रकार बेकार हो गए। उससे पहले भी औरंगजेब की बेरुखी से ही अनेक कलाकार दिल्ली-आगरा छोड़ चुके थे। ये अन्य रजवाड़ों में पूरब, उत्तर, दक्षिण तो गए ही, हिमालय के पहाड़ी दरबारों में भी पहुँचे। वस्तुतः इनकी सबसे सशक्त परम्परा इन्हीं पहाड़ी रियासतों खासकर चम्बा, मण्डी, काँगड़ा आदि में बनी। वैसे चम्बा, मण्डी, काँगड़ा, नाहन, सिरमौर, टिहरी-गढ़वाल आदि अनेक केन्द्र इस शैली के बने, पर अधिकतर, काँगड़ा दून में होने के कारण इसका एक नाम काँगड़ा कलम भी पड़ा। वैसे काँगड़ा पहाड़ी शैली का एक प्रकार मात्र है।

पहाड़ी शैली के आरम्भ और प्रौढ़ता का श्रेय मुगल दरबारी चित्रकारों को दिया जाता है। वे मुगल शबाहत और सोफियानापन लिए आए थे और उन्होंने अपनी प्रौढ़ कला से पहाड़ी शैली को सम्पन्न किया। पहाड़ी शैली का युग अधिकतर अट्ठारहवीं सदी के मध्य से उन्नीसवीं सदी के मध्य तक, प्रायः सौ वर्ष का माना जाता है। मुगल कलम के दरबारीपन की जकड़ और आभिजात्य को पहाड़ी परिस्थितियों ने तोड़ दिया। एक नया, अभिराम, निर्द्वन्द्व जीवन इन नए चित्रों में चमक उठा। अतीत और वर्तमान के प्रति आदर से पहाड़ी चित्रकार का मस्तक झुका। एक से एक हजारों चित्र उसकी जादू की छड़ी से निकलने लगे। सुकुमार कलेवर, मनोहर वपुकान्ति, स्पष्ट भावधारा, गतिमान् घटना पहाड़ी चित्रों में अभिव्यक्त हुई। रामायण, महाभारत, भागवत, हरिवंश पुराण, गीत गोविन्द की अनन्त स्थितियाँ उनमें चमक उठीं। कृष्ण की छवियाँ, विशेषतः मध्यकालीन भावना और विशेष रुचि से इनमें उकेरी

कांगड़ा शैली का एक चित्र

गईं। ब्रज की प्रधान, भाव-भंगिमाएँ और विश्वास, कृष्ण-केलि, रास, गोप-गोपी क्रीड़ा, पशुचारण आदि अद्भुत क्षमता से चित्रित किए जाने लगे। आज ऐसे हजारों चित्र हैं जो मुगल शबाहत की मदद से अपनी चित्र-सम्पदा की रीढ़ बन गए हैं।

ऊपर कहा जा चुका है कि पहाड़ी चित्रों में काँगड़ा कलम की प्रधानता थी। एक तो इस कारण कि पहाड़ी रियासतों का एक खास परिवार काँगड़ा की दून में बसा था, दूसरे काँगड़ा में पहाड़ी शैली को उस नाम की रियासत ने विशेष प्रोत्साहन दिया। वहाँ के राजा संसारचन्द ने अट्ठारहवीं सदी के अन्तिम चरण से उन्नीसवीं सदी के पहले चरण

तक अपने संरक्षण द्वारा इस नई शैली को सभी प्रकार से बढ़ाया।

उस शैली की एक विशिष्ट बेल गढ़वाल में लगी। मोलाराम का नाम उस दिशा में बड़ा प्रसिद्ध हो गया है। पर शायद उससे भी कीर्तिमान

गढ़वाल की पहाड़ी शैली

और सफल कलावन्त गढ़वाल की चित्रकला पर अपनी मुहर लगा गए हैं। साधारणतः अनेक चित्र जो मोलाराम के बनाए बताए जाते हैं वे वास्तव में उसकी कूँची से नहीं निकले।

पहाड़ी शैली की कलम मैदानों में भी लगी—लाहौर, अमृतसर में। गुरुओं के अनेक चित्र उसी शैली के हैं और पहाड़ी परम्परा में अपना

अमृतसर की पहाड़ी शैली

स्थान रखते हैं। पहाड़ी परम्परा में काम करने वाले अनेक चित्रकार आज भी पहाड़ों में हैं, पर चित्रकारिता में उन्नीसवीं सदी में जो ह्रास हुआ, उसके वे आज तक शिकार हैं। उनका काम अधिकतर पुरानी कृतियों की नकल करना रह गया है।

10. भारतीय शैली का विस्तार और अनुकरण

चित्रों की भारतीय शैली भारत के विचारों और उसकी मूर्ति शैली की ही भाँति भारतीय सीमाओं में बँधी न रह सकी। अपने धर्म और विचारों के प्रसार के सिलसिले में इस देश ने दूर-समीप के बाहर के देशों पर व्यापक और गहरा प्रभाव डाला। प्राचीन काल से ही बाहर के उत्तरी-पूर्वी और समुद्री देशों में यहाँ के उपनिवेश बनने लगे थे। साथ ही, उनसे और अन्य देशों के साथ भारत का पुराने जमाने से व्यापारिक सम्बन्ध रहा था। इसके अतिरिक्त स्पष्ट प्रचार की नीति से भी वहाँ भारतीय विचारों का प्रसार हुआ। जहाँ-जहाँ भारतीय उपनिवेश बने या भारतीय विचार पहुँचे, वहाँ-वहाँ भारतीय संस्कृति की बेलें लगीं, मूर्ति और चित्रकला स्थानीय विशेषताओं के साथ पनपी। यहाँ उसी भारतीय चित्रकला का विवरण दिया जा रहा है।

उस काल की भारतीय संस्कृति के ऋणी मध्य एशिया के कुछ भाग, चीन, कोरिया, जापान, तिब्बत, म्यांमार, स्याम, कम्बुज, जावा, सुमात्रा, बाली, सिंहल (श्रीलंका) आदि सभी हैं। सिंहल में तो प्रायः अजन्ता या गुप्त काल में ही भारतीय परम्परा के भित्तिचित्र बन गए थे। इनमें हवा में उड़ती देवाकृतियाँ बड़ी भव्य हैं। इस गुप्तकाल के पहले ही खुत्तन, चीन, कोरिया, जापान, बोर्निया, कम्बुज, म्यांयार आदि पर भारतीय प्रभाव स्पष्ट हो चुका था।

इसी से प्रायः सौ दो सौ साल पहले पामीरवर्ती भूमि तुखारिस्तान आदि पर भारतीय विचारों की छाप पड़ी थी। वहाँ के तकला मकान

रेगिस्तान में अनेक भित्तिचित्र, लकड़ी, रेशम आदि पर बने चित्र मिले हैं। इनमें मीरान के मन्दिर के, चौथी सदी के भित्तिचित्र भी हैं। इनके अतिरिक्त वहाँ सातवीं-आठवीं सदी के भी अनेक भारतीय हिन्दू और बौद्ध देवताओं के चित्र मिले हैं। कूचा की गुफाओं के शिव-पार्वती, इन्द्र, ब्रह्मा आदि के चित्र इस दिशा में विशेष उल्लेखनीय हैं। इनका संग्रह नई दिल्ली के मध्य-एशिया सम्बन्धी अजायबघर में है।

उत्तर की राह से भारतीय चित्रकला चीन, जापान और कोरिया पहुँची। जब चीन के कान्सू प्रान्त के हूण भारत में अपने आक्रमणों से गुप्त-साम्राज्य का अन्त कर रहे थे, ठीक तभी पाँचवीं-छठीं सदी में अनेक हूण अपने ही घर कान्सू में भारतीय प्रचारक अजन्ता की परम्परा में तान्हुआँग की सैकड़ों गुफाएँ बनवा रहे थे। बाद में शीघ्र ही अजन्ता के ही अनुकरण पर वहाँ के गुफा-मन्दिरों में भित्तिचित्र बनाए गए। उन्हीं में से कुछ विद्याधरियों के चित्र आज की जनवादी सरकार के राष्ट्रीय रंगमंचों की यवनिका पर चित्रित हैं। आठवीं सदी में बने जापान के होरिउजी और नारा के बौद्ध-विहारों के चित्र आज भी वहाँ देखे जा सकते हैं।

तिब्बत में वैसे तो भारतीय बौद्ध धर्म कभी का पहुँच गया था, पर उसके ध्वज चित्र भारतीय विषयों के साथ दसवीं-बारहवीं सदी में बने। तिब्बत में ध्वज चित्रों की परम्परा खुत्तन आदि से आई। नेपाल तो बराबर ही भारतीय सम्पर्क में रहा था; उसी प्रकार उसका तिब्बत और चीन से भी व्यापक सम्बन्ध सदियों तक बना रहा।

बर्मा, स्याम और कम्बुज के पैगोड़ों में सैकड़ों भित्तिचित्र ग्यारहवीं से तेरहवीं सदी तक बनते रहे थे, जो भारत की देन हैं।

11. राष्ट्रीय पुनरुज्जीवन युग

इससे पहले कि हम अपने राष्ट्रीय पुनरुज्जीवन-युग के चित्रों का विवरण दें, उससे पहले की दो-एक बातों को समझ लेना उचित होगा।

पहले ही कहा जा चुका है कि जहाँगीर काल की अद्भुत चित्रकला पर यूरोपीय कलम का प्रभाव पड़ने लगा था। अँग्रेजी सत्ता के विकास के साथ-साथ स्वदेशी शक्ति के अभाव में धीरे-धीरे यह प्रभाव बढ़ा। यह प्रभाव दो क्षेत्रों में विशेष गहरा देखा जा सकता है; दोनों एक-दूसरे से भिन्न हैं।

एक तो उस प्रभाव ने वह रूप धारण किया, जिसे भारतीय चित्रकला में पटना शैली कहते हैं और इस प्रभाव को बुरा नहीं कहा जा सकता। यूरोपीय हाथीदाँत और कागज-सम्बन्धी चित्रकला विशेषतः वेनिस की ओर से यहाँ पुर्तगालियों-अँग्रेजों के जरिए आई थी। उसे पटना के चित्रकार-साधकों ने विशेष रूप से साधा। वहाँ इनके कई घराने उठ खड़े हुए। इन्हीं में आरा के ईश्वरी प्रसाद का घराना भी है। इस शैली के कलाकार छोटे आकार के चित्र बनाते हैं, यूरोपीय प्रभाव के साथ ही मुगल महीनी के अनुरूप। इस शैली का आरम्भ विशेषतः अठारहवीं सदी के पिछले चरण में हुआ। बनारस के प्रसिद्ध कलाकार दल्लूलाल, लालचन्द और गोपालचन्द इसी पटना कलम के ही चित्रकार थे। इसी शैली की टहनियाँ दिल्ली, लखनऊ, मुर्शिदाबाद, पूना, सतारा आदि में भी लगीं।

यूरोपीय कलम का दूसरा असर दक्षिण-पश्चिम के कलाकारों पर पड़ा। यह असर बड़ा मारक सिद्ध हुआ। मज़े की बात तो यह है कि उन्नीसवीं सदी के उत्तरार्द्ध में चीन-जापान के प्रभाव से यूरोप में जो

नये प्रकार के प्रयोग चित्रकला में होने लगे थे, उस समय उनका स्पष्टीकरण भारत ने नहीं किया। केवल उनकी स्थूल रूपाकारिता ने यहां के दक्षिणी और पश्चिमी कलाकारों को अपने प्रभाव में जकड़ लिया। तिरुवंतपुरम् और मुम्बई इसके केन्द्र बने। राम-कृष्ण, शिव-पार्वती, गणेश, लक्ष्मी, सरस्वती के कागज़ पर बने चित्र उस प्रभाव के परिणाम हैं। तिरुवंतपुरम् के राजा रवि वर्मा इस कला में विशेष निपुण हुए। पर यह दोहरी कला न भारतीय भाव-सौन्दर्य को छू सकी, न यूरोपीय अंकन-शक्ति को। दोनों की कमज़ोरियां ही इसकी उपास्य बनीं। इन्हीं

राजा रवि वर्मा की शैली

दिनों भारत में जो अंग्रेज़ी 'आर्ट-स्कूल' बने, उनसे कला सम्बन्धी भारतीय दृष्टिकोण पर भले-बुरे दोनों असर पड़े। एक असर तो किसी अंश में यही था जिसका उल्लेख अभी किया गया है, दूसरा अपने देश के पुनर्जागरण आन्दोलन से जुड़ा हुआ है।

उन्नीसवीं सदी के चौथे चरण से बीसवीं सदी के प्रायः मध्य तक, 75 वर्ष तक समय हमारे राष्ट्रीय जागरण और आन्दोलन से सम्बन्ध रखता है। ब्रह्मसमाज, आर्यसमाज, थियोसोफी, स्वदेशी, होमरूल, असहयोग, विविध सत्याग्रह आन्दोलन, सामाजिक सुधार और आजादी के लिए संघर्ष के विभिन्न रूप प्रकट हुए। इन्हीं के साथ अतीत गौरव की प्रेरणा भी जुड़ी थी। और जब यूरोपीयों-भारतीयों की खोज ने प्राचीन शालीनता के आँकड़े प्रस्तुत कर दिए तो भारतीय चिन्तन ने विशेषतः प्राचीन की ओर देखने का, प्राचीन को फिर से जीवित करने का नारा बुलन्द किया। कला का क्षेत्र इससे अक्षुण्ण न रह सका। उस पर भी इसका असर पड़ा, विशेषकर जब विदेशी सत्ता के विरुद्ध संघर्ष के कारण प्रायः सभी विदेशी वस्तुओं से चिढ़ हो गई और नया स्वदेशी कुछ प्रेरणात्मक-शालीन था तो चित्रकला में भी अतीत की ओर दृष्टि गई। अजन्ता का अद्भुत गौरवमय आदर्श हाल में ही मिला था; फिर तो वह प्रेरणा बना, वही आदर्श शैली बनी। एक आन्दोलन ही उठ खड़ा हुआ। उस आन्दोलन के नेता कलकत्ता आर्ट स्कूल के प्रिंसिपल हैवेल और चित्रकला शिक्षक अवनीन्द्रनाथ ठाकुर थे।

उस आन्दोलन के प्रधान केन्द्र अवनीन्द्रनाथ ठाकुर ही बने। उन्होंने अतीत को फिर से जीवित करने का निर्देश दिया। कम से कम उनका आन्दोलन कला में स्वस्थ राष्ट्रीय आन्दोलन था, मुम्बई केन्द्र के विरोधी कला-कौशल से दूर। स्वयं अवनीन्द्रनाथ कुशल चित्रकार थे। उनमें अजन्ता, मुगल, पहाड़ी, चीनी, जापानी सभी शैलियों को ज़ज्ब कर लेने की अद्भुत क्षमता थी। उनकी प्रतिभा असाधारण थी। परन्तु निःसन्देह उनका आन्दोलन उनकी कला से कहीं व्यापक और महान् था। अजन्ता शैली फिर से बंगाल में जीवित हुई। उनके शिष्यों-प्रशिष्यों ने अजन्ता

शैली अपना ली। फिर वह शैली देशव्यापी हुई।

अवनीन्द्रनाथ ठाकुर ने चित्रकला के क्षेत्र में कुछ असाधारण तेजस्वी शिष्य उत्पन्न किए। नन्दलाल बोस, असित हालदार, मुकुल डे, देवीप्रसाद रायचौधरी आदि अनेक मेधावी शिष्य-चित्रकारों ने अजन्ता के चित्रों की नकल

अवनीन्द्रनाथ ठाकुर की एक कलाकृति

यामिनी राय की एक कलाकृति

की और अजन्ता शैली को साधारणतः अपना लिया। नन्दलाल बोस इनमें प्रधान थे। शान्तिनिकेतन इनका केन्द्र बना, वैसे ये प्रायः सारे भारत में फैले गए। कैलेण्डरों पर, निमन्त्रण पत्रों तक में अजन्ता-अभिप्राय ही छपने लगे।

पश्चिमी भारत में भी किसी न किसी रूप में उसका असर घर कर चला। वैसे बंगाल के यामिनी राय ने गाँव की सशक्त कला-धारा अपनाई और उस दिशा में एक नया कदम

उठाया। उत्तर-पश्चिम भारत, उत्तर प्रदेश आदि में एक नई रोमांटिक शैली चली, जिसमें अजन्ता का गहरा पुट था। विजयवर्गी, जिज्जा, ईश्वरदास आदि सब इसी वर्ग के कलाकार थे। सभी अजन्ता-मुगल के संयोग से उठे। उनमें यामिनी राय ने चित्रकला में क्रान्ति-सी उपस्थित कर दी।

12. वर्तमान युग

पुनरुज्जीवन युग के सभी चित्रकार और अवनीन्द्रनाथ ठाकुर तथा उनके शिष्य-प्रशिष्य वर्तमान युग के ही हैं, यद्यपि उनकी प्रेरणा और शैली आधुनिक नहीं है। नए क्रान्तिकारी युग के निर्माताओं में विशिष्ट यामिनी राय और अमृता शेरगिल हैं। अमृता शेरगिल ने चित्रकला में सामाजिक यथार्थवाद का आरम्भ किया। उसकी तूलिका में गजब की शक्ति थी। भारतीय सामाजिक अभिप्रायों को उन्होंने विविध रूपों से अपने चित्रों में व्यक्त किया। वधू का केश-प्रसाधन, ग्राम्य-जीवन आदि के प्रसंग उनकी तूलिका से खूब बन पड़े हैं। इनमें महान् 'भारत माता' है, बच्चों के साथ जिसकी रुग्ण काली काया देखने वालों को केवल चकित ही नहीं करती, कुछ कर गुजरने को मजबूर भी करती है। शायद समाजवादी यथार्थवाद उनकी कूँची का ध्येय था। उन्होंने अपने अभिप्रायों को बहुत दूर से नँगा करके देखा था। मनुष्यता के प्रति उनमें अद्भुत सहानुभूति एवं गहरी संवेदना थी। जैसे गोगां ने अफ्रीकी मॉडलों द्वारा फ्रॉस की सड़ी रुचि का परिष्कार करना चाहा था, अमृता शेरगिल ने वैसे ही भारत के अतीतजीवी रोमांटिक चित्रादर्श के अन्धकार को सामाजिक यथार्थवाद के प्रकाश से दूर करना चाहा। खेद है कि वह मेधाविनी तरुणी अकाल ही चिरनिद्रा में सो गई।

पिछले 75 वर्षों में यूरोप में अनेक चित्र-शैलियों के प्रयोग होते रहे हैं। सेजान, मोने, माने और बाद में जार्ज ब्राक, मातिस, पिकासो, हाली आदि उसके अगुआ रहे हैं। इनका प्रभाव इस देश की कला पर भी पड़ा। ये नए प्रयोग इस देश में पहले-पहल अवनीन्द्रनाथ ठाकुर के भाई गगनेन्द्रनाथ ठाकुर ने किए, त्रिकोणों और सीधी लकीरों की

आकृतियों द्वारा सेजान के अनुकरण में। पर, उनके साथ ही शायद वह प्रयास भी समाप्त हो गया।

यूरोप की नई शैलियों से शक्ति ग्रहण कर अपने देश में अपनी नई राह निकालने वाले चितेरे अधिकतर पश्चिमी भारत के हैं—विशेष रूप से मुम्बई, गुजरात और महाराष्ट्र के। मुम्बई, यूरोप से आने वाले विचारों की पहली अवतरण भूमि है और यह स्वाभाविक था कि पश्चिम का प्रकाश उसी खिड़की से उतरे।

अमृता शेरगिल की कला

आरा, बेन्द्रे आदि उसी परम्परा के हैं। इनमें अनुभूति गहरी होती है और अभिव्यंजना सशक्त। इनमें प्रधान मकबूल फिदा हुसैन हैं जिनकी कलाकारिता गजब के डग भरने लगी है। उनके अभिप्राय आभिजात्य नहीं होते, रूखे ग्रामीण होते हैं। आकृतियाँ खुरदुरी 'अव-चेतन' होती हैं पर उनकी अभिव्यक्ति गजब की होती है। रंग के धब्बे व्यापक सहानुभूति मुखरित करने में सहायक होते हैं। हरा रंग अक्सर गरीबी और उदासी को रूपायित करता है।

रामकिंकर बैज ने भी कुछ सामाजिक रूपांकन के प्रयोग किए हैं जो अत्यन्त सबल हैं। मूर्ति और चित्र दोनों क्षेत्रों में रामकिंकर की मेधा ओजस्विनी है, उनके प्रयोग सार्थक और सुपुष्ट हैं। इधर अनेक नए कलाकार मकबूल और रामकिंकर की राह चल पड़े हैं। पर भारतीय चित्रदिशा का अगला कदम़ निश्चय जनप्रेरक अभिप्रायों के सोद्देश्य प्रकाशन में उठेगा। भविष्य का प्रशस्त जनमार्ग उनके आगे है।

वर्तमान समय में चित्रकला एक तरह से निखार पर है। पुरानी शैलियों, जैसे—पहाड़ी कलम, राजस्थानी कलम, नाथद्वारा-शैली आदि में

तो काम हो ही रहे हैं, वर्तमान भारतीय चित्रकार कई नए-नए प्रयोग भी कर रहे हैं।

तैल चित्रों आदि को अधिक निखारा गया है। रंगों के 'शेड्स' ऐसे दिए जाते हैं कि ये चित्र प्राणवन्त हो उठते हैं और एक-एक पेंटिंग की कीमत हजारों-लाखों रुपयों में आँकी जाती है।

मकबूल फिदा हुसैन का नाम पेंटिंग के क्षेत्र में आज सबसे ऊँचा है। आज के अनेक चित्रकार 'मॉडल' को सामने बैठा कर ऐसे चित्र खींच देते हैं कि लगता है कैमरे से चित्र खींचा गया है। हुसैन ने दो-एक प्रसिद्ध फिल्म-अभिनेत्रियों के भी भंगिमापूर्ण चित्र बनाए हैं, अपनी कूची और कैनवास के बल पर।

'एबस्ट्रैक्ट' (अमूर्त) शैली

आज जिस तरह कविता-कहानी आदि के क्षेत्र में विभिन्न प्रयोग हो रहे हैं उसी तरह चित्र-कला में भी। कविता और चित्रकला विशेष रूप से प्रयोगधर्मी बने हैं। जिस तरह कई आधुनिक छन्दहीन कविताओं को समझना कठिन होता है, उसी तरह 'एबस्ट्रैक्ट' चित्रों को भी समझना कठिन होता है। इनमें स्पष्ट आकृतियों के स्थान पर नए रूपांकनों द्वारा विषय की अभिव्यक्ति की जाती है।

कई दफा बिना विषय के ही रंगों और रेखाओं द्वारा चित्रकार अपनी मनःस्थिति को व्यक्त करता है। उन चित्रों को भी पसन्द किया जाने लगा है। हिन्दी या कई अन्य भाषाओं की पत्र-पत्रिकाएँ भी अपनी कहानियों-कविताओं आदि में ऐसे अमूर्त चित्रों को स्थान देने लगी हैं। ये चित्र बहुत हद तक इंगित-परक (एजेस्टिव) होते हैं। शैली पर्याप्त लोकप्रिय हो गई है। रेखा-चित्रों से लेकर रंगीन पेंटिंग्स तक में भी इनका उपयोग होने लगा है।

मनजीत बावा, सतीश गुजराल, मनु पारेख, लक्ष्मी गौड़, गणेश पाइन, कृष्णा रेड्डी, तैयब मेहता, भूपेन खंखर, जोगन चौधरी, भवेश साब्याल, फ्रांसिस न्यूटन सूजा, सैयद हैदर रजा, आरा, रामकुमार, गुलाम

मुहम्मद शेख, जगदीश स्वामीनाथन आदि की गिनती इधर के अग्रणी चित्रकारों में की जाती है।

अमूर्त चित्रों का मूल्यांकन उनके रेखांकन से नहीं, बल्कि दर्शक पर पड़ने वाले उनके प्रभाव से किया जाता है। इस प्रकार के अनेक चित्र व्यक्ति, देशकाल या किसी घटना को ही इस प्रकार अंकित करते हैं कि जरा-सा संकेत करने पर वह समझ में आ जाएँ।

कम्प्यूटर और उसके पश्चात् आए इंटरनेट ने भी चित्र कला की दुनिया में एक परिवर्तन ला दिया है। कम्प्यूटर पर उसके 'माउस' के द्वारा मनचाहे चित्र बनने लगे हैं। ये सादे और रंगीन भी होते हैं, बल्कि क़ई-कई रंगों के भी होते हैं। मशीनीकरण के इस युग में मनुष्य को अब कम-से-कम मेहनत करनी पड़ती है। 'कूची' और 'कैनवास' का समय अब लदता जा रहा है।

देखना है आगे यह तकनीक अन्य क्षेत्रों की तरह चित्रकला के क्षेत्र में भी क्या और कितना परिवर्तन लायेगी।

❑❑❑